CAHIER

Des plaintes & doléances des Dames de la halle & des marchés de Paris, rédigé au grand Salon des Porcherons, pour être présenté à Messieux les Etats-Généraux.

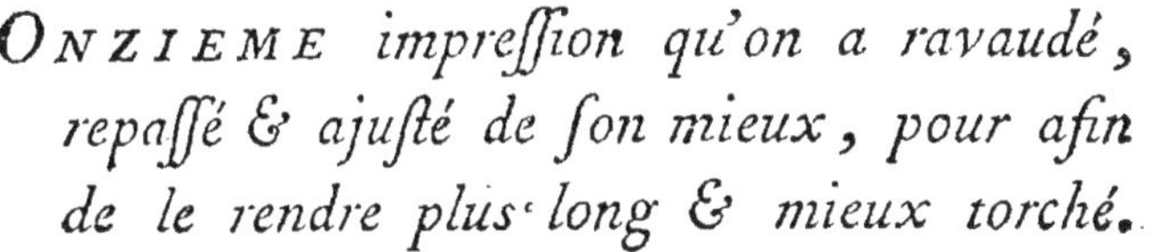

Onzieme impression qu'on a ravaudé, repassé & ajusté de son mieux, pour afin de le rendre plus long & mieux torché.

Où l'on parle, sans gêne, de plusieurs personnes qui se le sont attiré, de plusieurs choses arrivées il n'y a pas long-temps, & de la prise de la Bastille.

Ecrit à l'ordinaire par M. Josse, écrivain à la pointe Saint-Eustache.

Août 1789.

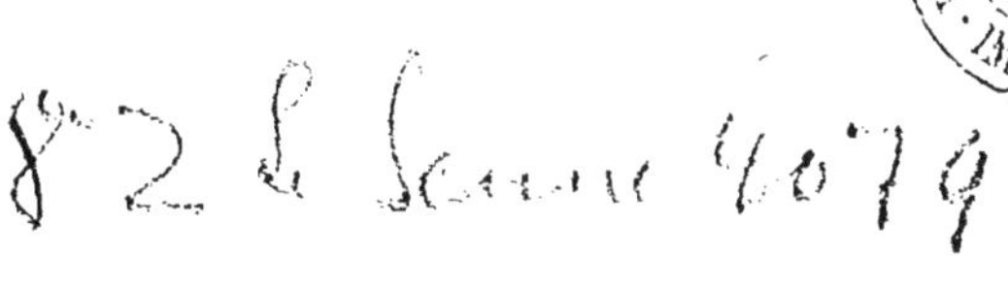

CAHIER

Des plaines & doléances des Dames de la halle & marchés de Paris, rédigé au grand Salon des Porcherons, pour être présenté à Messieurs les Etats-Généraux.

NOS CHERS MESSIEUX,

JE savons maintenant que je pouvons vous faire à savoir notre façon de penser sur les affaires qui sont tant de bruit, nous tenons ça de M. Josse, écrivain à la pointe Saint-Estache. Les Libraires du Palais-Royal & autres marchands d'esprit qui nous fournissont (en payant s'entend), du papier pour empaqueter le beurre; nous ont envoyé, comme ils en regorgent, une charretée de livres écrits en blanc, ou à-peu-près de même, qui parlent touchant ce qui a rapport aux états-généraux, & mille autres gaudrioles semblablement égales. J'ont voulu savoir ce que nous chantoit tout ce grimoire d'écriture, & nous mettre par-là à même de connoître la matière de la dispute. Mais, comme je n'avons pas le loisir de débrouiller toutes ces paperasses, j'avons envoyé chercher M. Josse, pour qu'il nous en fît la commission; c'est un garçon d'esprit qui sait lire comme un livre; il fait nos comptes & nos affaires mieux que le Roi; écrit nos lettres, nos mémoires tout courant; & ben, c'est ce brave homme qui, après avoir fait la triaille de cette fourmilliere de livres, nous a débrouillé que la robinaille, la la finance, les calotins & les talons rouges vouliont, en maniere de persévérance, faire endéver les pauvres gens qu'ils appelliont, par dérision, le tiers-état, & leux mettre, comme de coutume, le pied sur le col, avoir le devant & surpasser ceux qui les nourrissont & les entretiennont de pied en cap. J'avons aussi appris qu'ils étoient venus à bout de faire faire au Roi un pas de clerc, par mille ruses d'enfer où le diable perdroit son latin; & qu'ils étoient en cela soutenus par une Courtisane de la Cour, qui est Bonne des enfans de la Reine, & qui est pire, dans le Royaume, qu'un panier percé pour la dépense. C'est, sans doute, cette dame de Polignac qui a mis Monseigneux le Comte d'Artois dans de si beaux draps. Parbleu, ils étoient ben tombés, des gens qui y voyont clair, assurent que la maison de cette femme étoit plus pire que la souriciere & le réfuge de tous les grands voleurs du Royaume, & la boutique où l'on vendoit à beaux deniers comptans & sans apprentissage, les Evêchés, les Bénéfices, les Cordons bleux, les rouges, les noirs & même les jaunes; les Régimens à pied & à cheval & toutes les places qui demandont du savoir & de l'honnêteté; ça devoit être une bonne école pour Monseigneux le Dauphin & pour Mameselle sa sœur. Heureusement, pour elle, que Monsieux le Comte d'Artois lui a fait gagner le large, sans quoi on lui auroit fait danser les olivettes & mis un petit collier de fer, qui sçait même si ça n'auroit pas été un désespoir de filace.

Quoi qu'il en soit, malgré toutes ces manigances, je savons de bonne part que notre bourgeois de Versailles a permis à tout le monde de se plaindre, & de lui faire à savoir toutes les rubriques, par lesquelles on nous a hourit tant. C'eſt tout juſtement pour en venir à bout, que j'allons vous décharger notre rate, ſans craindre ni mouchards ni lieutenant de police, ni commiſſaire, encore ben moins les triſt'à pates. Où il y a de la gêne n'y a point de plaiſir.

J'allons tout d'abord, pour commencer, dégueuler contre la ferme & les fermiers généraux ; car auſſi en vérité, être obligés de payer une pauvre bouteille de vin douze ſous, tandis que ſans cette engeance je pourrions l'avoir pour encore moins de ſix ſous, ça met en indignation : encore s'il y avoit de la juſtice lorſqu'ils font ſolder les droits de leux barrieres ; mais non, point du tout, une ſacrée bouteille de miſérable vin de Surenne ou d'Argenteuil, baptiſé, & frélaté de mille hiſtoires par-deſſus le marché, leux paie auſſi cher qu'une bouteille de leux bon vin de Beaume : en conſcience c'eſt-il juſte çà ? Qu'ils payent, eux & les autres richards ſix ſous par bouteille pour le vin de Bourgogne, de Malaga, de Champagne, à la bonne-heure, ils en avont le moyen, & ce feroit à ſa place ; mais que le pauve monde ſoit grugé comme ça en buvant de la ripopée, ça n'eſt pas pardonnable ; & je nous plaignons contre cette injuſtice criante. N'eſt-il pas encore ben endévant de ne pouvoir ſe mettre ſur la conſcience un pauve poiſſon de rogome ſans débourſer quatre ſous, & que je ne puiſſions en lamper à moins, ſans aller courir la petantaine au-delà des barrieres & planter là ſa marchandiſe & ſes affaires ! Il faut cependant en fluter quelques demi-ſetiers par-ci, par-là ; & quand je ſommes à la belle étoile, expoſées au froid dans la halle & le marché, faut-il pas s'ravigoter le cœur, en avalant la goutte de c't'affaire ? Cependant pas moins, ſi on s'trouve les dimanches ou fêtes à Gentilly, à la Maiſon-blanche, à la Courtille, aux Porcherons, à Ménil-Montant, à la Rapée, à Vaugirard, & qu'on en ſoit tenté d'en faire une petite proviſion pour s'réchauffer la conſcience pendant la ſemaine ; eh - ben, une ſequelle de mauvais ſujets de commis qui ne demandont que plaies en boſſes, en ſentont tant ſeulement une topette à travers vos jupes, ils vous farfouillent & patinent par indécence ; vous fourent leurs mains par-tout, auſſi attrapont-t-ils par-ci, par-là de bonnes giffes, & leur donnent on de dures tornioles, dont il y a gros qu'ils ne ſe vantont pas ; mais avec tout ça, s'ils mettent le nez ſur la marchandiſe, on vous fait payer une forte amende ; & pour une topette de ſacré-chien tout pur, vous êtes encofrées auſſi - ben que ſi on avoit trouvé ſus-vous la ſainte-empoule de Reims. Auſſi quand on eſt le dimanche en rivote, faut s'en mettre dans le ventre pour huit jours, au risque de se faire du mal, ou ne pas s'en mêler; mais, d'un autre côté, quand on a le pied dans la vigne du Seigneur, quand on est sou, adieu les affaires du ménage, nos hommes aussi gris que nous font un boucan d'enragé, de-là viennent les parties de toupets, les yeux pochés & tout ce qui s'ensuit.

Je ne finirions pas si je voulions vous défiler dans cette plainte toutes les mangeries des fermiers-généraux. Pas moins faut vous parler d'un autre droit que le grand diable d'enfer leux a chié; ils l'appellont comme ça *le pied fourché*; avec cette invention, ils font sur la viande comme pour le vin. C'est benheureux quand le boucher nous la pese pour dix sous la livre; je tenons de gens savans que, sans ce sacré droit, je ne la payerions pas cinq sous; tout le monde, de cette maniere, pourroit mettre le pot-au-feu, manger une bonne soupe, au lieu de se bourrer d'un tas de drogues malsaines qui, tôt ou tard, jouront quelque mauvais tour à la santé du tempérament. C'est-il pas dépitant des choses aussi noires? Et faut-il pas avoir les entrailles d'une ame damnée, pour traiter des chrétiens aussi durement? Et le beurre, les œufs, le poisson salé, &c. &c. &c. Je vous le répétons, nos chers Messieux, faudroit que toutes les vituailles qui sont pour le pauvre monde du tiers-état, ne payent rien, ou tout au moins peu de chose, & ben saler celles qui sont pour les gens de haut-parage. A présent, c'est tout à rebours; je payons tous les droits rubi sur l'ongle; on ne nous passe pas un denier; tandis que les richards sautont là dessus à pieds joints, qu'ils trouvont le moyen d'esquiver tous les droits par leux exemptions, leux priviléges & encore les grandes facilités qu'ils avont pour faire tout entrer en contre-bande, dont ils ne font pas faute de se benservir.

Parlons encore du mauvais sel noir qu'on nous vend au poids de l'or; cependant, il en faut pour donner un peu de suc à ce qu'on mange, pour conserver les provisions. Mais, ba... quesque ça leur fait, pourvu qu'ils amassiont de l'argent? Et le tabac qu'ils vendent aussi cher que si c'étoit une drogue d'apothicaire, quoique ça ne paroisse pas, c'est une charge. Maintenant que nos maris en ont pris la chienne d'habitude, il faut qu'ils en reniflent, il faut qu'ils fument quelques pipes, sans quoi ils resteriont les bras pendus toute la sainte-journée; ils aimeriont mieux, dieu nous pardonne, se passer de pain, de vin, de femme, & tout ce qui s'en suit, que de ne pas soutirer de la poudre naſicale; de ſorte que leur chien de nez eſt, dans un ménage, comme un cheval à l'écurie.

Il étoit encore ben néceſſaire de reculer les barrieres juſqu'au diable, & de faire entrer les Porcherons dans Paris ! & tout ça parce que le cuir & la peau payent de grands droits d'entrée, & que les Fermiers généraux nous ont voulu faire uſer plus de ſouliers les dimanches & fêtes pour arriver à quelques guinguettes ; ils ne ſavont que s'imaginer pour nous gruger, & il y a à parier que ſi on les laiſſoit faire, ils poſeriont bientôt des Régiments de Gardes aux barieres pour empêcher le monde de ſortir, & qu'ils feriont couvrir tout Paris comme l'Hôtel de Soiſſons, de peur que je ne ſautaſſions par-deſſus les murailles ! Ah ! Meſſieux les Etats-Généraux, vous devriez ben couper le col à toutes ces horreurs, & faire ſur-tout abbatre cet infernal mur qui rend Paris comme Clamart. Qu'ils nous font rire avec leux murailles ! on diroit qu'ils ont peur des Anglais : ça vous a dépenſé un argent qui fait trembler pour bâtir un mur qu'on feroit dégringoler à coups de pommes cuites. Et tous leurs beaux chatiaux de pierre qu'ils y ont mis tout-à-l'entour à chaque pas, pour loger des je ne ſais qui ! Ne valoit-il pas cent fois mieux en faire de bons hôpitaux ? Mais, non, ces sacrés peigne-culs de fermiers généraux, ces nouveaux parvenus, cette crapule d'hier, vouliont toujours nous faire porter le collier de force, & nous soutirer comme des sang-sues ; ils avont trouvé, eux, le moyen de s'enrichir, d'avoir des hôtels d'une façade à perte de vue, de carosses & des équipages de toutes les manières, une vingtaine de chevaliers grimpans pour le moins aussi insolens que leux maîtres, autant de femmes qu'ils entretenont, pour les autres da, car il y a gros qu'ils n'y mettont pas le pouce, & même le bruit courre qu'ils donnent dans la manchette avec leurs jokais ; & je ne pouvons arracher qu'on nous fasse une halle commode, couverte & à l'abri du froid de la saison ! Dame, c'est que je sommes du tiers-état nous, faits comme ils le disiont, pour trimer l. galere, tirer le diable par la queue, & avoir ben de la peine ; & maugré tout ça, nous sommes regardés moins que des zéros en chiffre. C'est à force d'escroquer qu'ils en ont conté & revendu au roi : ce pauvre cher homme avoit besoin de noyaux, il a pris ceux que les fermiers généraux lui ont vendu, pour avoir la permission de faire ce maudit mur. Son intention étoit de leur donner tant seulement un petit dédommagement, comme de raison, mais il n'entendoit pas qu'ils amaſſiont & s'enrichiſſiont en faiſant mourir les pauvres gens de faim & de ſoif. Et puis on nous a dit comme ça qu'il avoit été engueuſé par le contrôleux des finances d'alors, auquel ces ſang-ſues avoient graiſſé la patte pour afin de les ſoutenir. Je connoiſſons ſon bon cœur, je ſçavons que c'eſt un naturel de Roi, & malgré quelques eſcapades qu'on lui fait faire, j'avons des preuves qu'il nous aime, & je l'aimons ben auſſi, & je pouvons ben haſarder de dire, je nous fendrions pour lui en deux. Je ſavons tout comme vous qu'il ne peut pas vivre de l'air du tems, qu'il lui faut des ſonnettes pour ſa famille, pour tout ſon ménage, & des eſpèces pour entretenir de pié en cap tout un royaume de ſoldats; je n'ignorons pas non plus qu'il eſt fripponné par le premier venu, que Calonne a joué de la harpe au Tréſor Royal pour entretenir ſa gouine de Madame le Brun, à laquelle il alumoit le lampion avec des billets de la Caiſſe d'Eſcompte, je ſommes encore inſtruites qu'on a envoyé des pleines caiſſes d'or à ce fou d'Empereur, comme ſi on lui devoit quelque choſe, & que tout ça eſt la cauſe de ce grand déficille, dont on nous parle tant. Auſſi je conſentons de donner de l'argent, ſelon notre moyen; mais il faut auſſi que les Richards en donniont ſelon les leux; il n'eſt pas de la juſtice que les pauvres payent tout & les autres rien ; vous en conviendrez, nos chers Messieux, vous qui êtes la crême de tous les braves gens du Royaume. Et puis qu'on mette des impôts sur les carosses, les cabriolets, sur le trop grand nombre de valetaille, sur les jardins anglois, & un autre tas de fariboles qui faisont mal au cœur ; & on trouvera l'ingrédient d'avoir autant d'argent que celui que donne la ferme, ou de faire diminuer le nombre des éclabousseux, des écraseux & des écrasés. On sera obligé de payer quand on voudra avoir une pleine maison de jasmins derriere sa voiture, ou de les renvoyer dans leur village pour travailler la terre & trimer la galere comme leux peres & leux meres. Les jardins anglois payeront ben cher, sans quoi on y faira planter de gros choux pomés ou d'autres légumes ; & ce sera ben fait. A quoi servont-ils autrement? Voyons, n'y en a-t-il pas assez de ces jardins ? Et quand j'allois boire chopine à Gentilli, n'en avons-nous pas un bien beau qui nous donne un coup d'œil ben plus agréable que tous ceux qu'on fait bâtir à force d'argent, & de rendre du terrein inutile? N'avons-nous pas le serpentement de la rivière des Gobelins, des allées de peupliers & de saules, de prairies, de moulins à vents, des chaumieres, le pont du moulin des Prés, où je pouvons en pasſant ſaluer l'enſeigne ? Il eſt vrai qu'il n'y-a pas de boudoirs comme dans ceux que font faire les grandes Dames de la Nobleſſe, ni les petits trous qu'elles font arranger ſous terre, pour ſe faire travailler la marchandiſe ; mais dame auſſi, je n'avons pas comme elles des vapeurs couleur de roſe, & ſi je faiſons nos maris cocus, j'aimons que ça ſoit en plein air pour que le vent l'emporte.

La mauvaiſe prêtraille, nos chers Meſſieux, ne mérite pas moins que les Fermiers-généraux que vous lui hauſſiez le ratelier. Oh ! pour le coup, c'eſt ben là que vous trouverez de la beſogne, & j'ons ben peur qu'avec toute votre ſcience & bon vouloir, vous ne faſſiez que de l'eau claire ; je ſavons ben que vous les houſpillerez de votre mieux, mais y a trop à faire, & les Monſeigneux ont les bras trop longs pour que vous puiſſiez leur ben rogner les ongles. J'alons maugré ça vous défiler notre chapelet à leux égard. Je vous prévenons par avance de ne point laiſſer ſcandaliſer vos oreilles des bonnes vérités qui pourront nous échapper dans la fureur de notre colere. Je ſommes d'auſſi bonnes chrétiennes que le Pape de Rome, je ſavons notre catéchiſme droit comme un i, & reſpecter notre mere la ſainte Egliſe. Mais je ne pouvons voir tout ce qui ſe paſſe ſous nos yeux, ni tant ſeulement penſer à la paillardiſe, à la fierté, à la ladrerie & à la gourmandiſe de preſque tous ces calotins, ſans que ça nous chifonne. Je ſommes de franches poiſſardes, j'allons en conſéquence vous dégoiſer tout ce qui nous viendra à la bouche.

Je vous le demandons, nos bons Meſſieux, pourquoi t'eſt-ce que les Evêques & les Abbés ont des quatre cent mille, des cent mille, des cinquante mille livres de revenu tous les ans ? Ce n'eſt-il pas pour en faire des charités aux pauvres malheureux, après qu'ils ont pris leux ration là deſſus ? ils en font ben un autre uſage, eux; vous le voyez auſſi ben que nous, & j'eſpérons que vous les dauberez : ils achettont de beaux carroſſes à ſix chevaux, de beaux habits, encore ben ſouvent ils les prenont à crédit, à ne jamais payer, comme l'Archevêque de N... qui, malgré ſes huit cens mille livres de rente, vient de brûler le cul à tous ceux qui lui aviont avancé quelqu'affaire, qui a fait banqueroute juſqu'à un tas de petits enfans de ſa façon, ou à laquelle il a travaillé. Je voyons tous les jours ſous nos yeux que les Evêques engraiſſont un troupeau de valetaille qui ne finit plus. Quand j'allons porter quelque choſe dans leurs grands hôtels, la tête nous en tourne, tant j'y voyons du monde. Ils avont une table mille fois plus friande que celle du roi ; je le ſavons ben, s'il y a un beau & bon morceau ſur la place, dame, faut voir , coûte qui coûte , c'eſt toujours le maître d'hôtel d'un de ces Monſeigneux qui le chipe & l'emporte.

Ils entretenont des Danſeuſes de l'opéra qu'ils coſtument auſſi richement que des Ducheſſes ; les couvront de joyaux , & de mille hiſtoires les unes plus belles que les autres. Ils leur donniont des petites maiſons ben gentilles, où elles vont faire les renchéries, des petits ſoupés fins avec Monſeigneux , & des petits enfans avec ſon valet-de-chambre. Si je voulions perſonnaliſer tant ſoit peu , je pourrions hardiment vous en déſigner plus de cinquante aux alentours de Paris, & vous nommer telles actrices de toutes les comédies qui ont gaſpillé & ruiné plus de violets qu'elles n'ont fait de rôles. On nous a auſſi aſſuré de bonne part qu'une certaine nommée Adeline, qui repréſente aux Italiens, & pluſieurs autres cocotes de même eſpece, aviont eu le Regiſtre où ſont couchés tous les Evêchés & Bénéfices qu'on doit donner, & qu'elles les vendiont aux Abbés qui les payiont le mieux , ou qui les contentoient le plus amplement, & que de-là vient qu'on diſoit

ſoit que ces petites lèvrettes de femmes vivoient ſur une bonne feuille.

Ce n'eſt pas tout, les Evêques & les grands Abbés du Clergé jouont encore un jeu d'enfer, & cette paſſion eſt ſi engrainée chez eux, qu'ils joueriont, comme on dit, le cul dans l'eau. Ils ont, par deſſus le marché, une ſequelle de parens qu'il faut entretenir ; des oncles, des tantes, des freres, des ſœurs, des neveux, des nieces, & puis encore d'autres neveux & d'autres nieces que leux freres ou ſœurs n'ont jamais faits ; il faut nourrir tout ça, pourvoir toute cette graine aux dépens des pauvres ; tant y a qu'avec cent mille écus de rente, ils ne lâchent pas cent liards dans l'année pour ſoulager les malheureux ; ils en verriont à leux porte crever de miſere & tourner les quatre fers en l'air, qu'ils ne leux feriont pas apporter un miſérable verre d'eau.

Je ne pouvons auſſi nous taire de leux orgueil. C'eſt quaſiment auſſi fier que les marguilliers de paroiſſe quand ils ſe targuent dans le banc de l'œuvre ; ils mépriſont le petit monde & ne le regardent tant ſeulement pas ; ils le traitont de canaille, & s'imaginent, Dieu nous pardonne, que le bon Dieu les a faits d'une autre pâte que nous. Faut les voir quand ils

B

ſont forcés de nous donner la petite croquignole de la confirmation, on diroit qu'ils ont peur de ſalir leur belle main, ou d'attrapper la gale. Sacré-chien ! c'eſt par trop fort auſſi ; & ſi j'oſions, je vous les confirmerions de la bonne maniere, je vous leux appliquerions un amplatre qui n'auroit pas beſoin de bandage.

Je ne vous parlerons pas de ces gros abbés, des chanoines, & de toute leux clique. C'eſt tout comme, & le proverbe eſt ben vrai qui dit comme ça : tel maître, tel valet : ils ſont comme qui diroit les ſinges des évêques, ſelon leux moyen. Pour ces petits abbés farots, à la friſure à la montauciel & à badine, ils nous ſont tant ſeulement rire ; je ne pouvons digérer qu'ils faſſiont queuque choſe de bon ; ça va vous porter, ſans faire ſemblant de rien, ſon écu chez la gueuſe, ou débaucher queuqu'honnête fille, & puis v'la tout. Et ceux des Séminaires Saint-Nicolas & des autres, que je voyons ſi ſouvent paſſer & repaſſer dans la place Maubert, lorſqu'ils vont pour écrire le latin qu'on débite en Sorbonne ; oh ! pour ceux-là, ils mettent la tète ſous l'aîle dans leur quartier ; ils ont des cheveux plats, qui friſent comme la rue de Richelieu ; mais, en revanche, quand ils ſont un peu loin du ſoleil, & qu'ils ont gagné le large, ils se font donner des colures de chien, quittent leur grande robe de la Passion, décalottent leurs calottes, se font chiffonner le perit morceau de toile qu'ils avont sous le menton, & rentront, après qu'ils ont fait leur coup, dans leux Séminaire, comme si de rien n'étoit; vont caponner leux Supérieurs, pour afin de n'être pas soufflés aux Ordres, & se faire de bons points. Les Culottins, qui n'y voient pas plus loin que leux nez, les prennont pour des petits jeunes-gens ben sages, ben dévots, & leur font faire leux chemin; de façon que ces poules-mouillées & ces pisse-froids de Supérieurs font plus de tort à la Religion, en poussant ces Séminaristes, qui sont dévots par hypocrisie, & en renvoyant ceux qui ont l'air un peu ouverts, que n'en pourroit faire un loup dans un troupeau de brebis. Quoique les Séminaires ne paroissent pas, nos chers Messieux, ça ne mérite pas moins que vous n'y donniez un coup d'œil; & il seroit à sa place que vous examiniez ce que valent les Supérieurs. Par exemple, on dit qu'il y en a un dans la Culotte, qui est à la tête d'une Communauté, qui va souvent, quand tout le monde est au lit, faire ses farces & jouer du piston dans la rue du Pélican, sur-tout depuis que les jeunes gens sont si difficiles sur l'article. Vous devriez bien, Messieux les Etats-Généraux, faire de façon que tout ça prît une autre tournure, & faire veiller de pus près, & par des gens qui y voyont plus clair, & qui soyont plus traitables, les eunes Ecclésiatiques du Clergé, jusqu'à ce qu'ils fussiont Curés ou Vicaires, & il ne devroit pas y avoir d'autre Prêtres que ceux-là ; & faudroit encore ben les choisir, pour afin de les empêcher de coëffer les maris, & débaucher les jolies filles de leurs paroissiens. Je croyons qu'il ne seroit pas mal de leux permettre d'avoir une femme & des enfans légitimes par le mariage. Car enfin faut être juste ; ils sont de chair & d'os comme nous, & on ne leur coupe rien, quand on les fait Prêtres.

Quoique je n'ayons pas étudié le latin, il nous semble à nous, sauf meilleur avis, qu'il seroit à propos de chiper au moins les trois quarts des grandes richesses des gros Bénéficiers, d'en mettre de côté une grande partie, pour se réserver une poire pour la soif, une autre pour des Ecoles de charité, où nos enfans puissiont aller, quand ce ne seroit que pour apprendre ce qu'on appelle un petit mot d'arithmétique, & autres choses qui puissiont leux servir au besoin ; une autre partie, pour bâtir des hospices aux pauvres malades, aux vieillards, aux estropiés de corps, des maisons pour les malheurex petits orphelins, & autre chose de même trempe. Il nous est encore d'avis que vous fairiez ben de taper cette légion de monacaille, qui s'imaginent être les premiers moutardiers du Pape, pour avoir tout quitté pour ne rien faire, & dire avec le nez quelques patenôtres qui ne font ni croître les bleds, ni diminuer le pain, Si je voulions tant soit peu jaser sur ce chapitre, je pourrions vous demander à quoi sert tout ce grand troupeau de Capucins, de Barnardins, de Cordeliers, de Carmes pieds nus & chaussés, culotés & sans culote, de Jacobins, de Minimes, des Augustins, de Récolets, de Victorins de Génovéfins, de Chartreux, de Peres de la Merci, de Picquepuces, & tant d'autres qui s'imaginont avoir tout fait en allant demander l'aumône avec leux havresac sur l'épaule, ou engueusant toute leur vie? Ne vaudroit-il pas mieux que ces mâchoires servissiont le Roi, ou alliont travailler la terre, ou enfin s'occupassiont à quelque chose qui peut être utile? Par ainsi ne faudroit pas avoir plus de moines que de beurre, & employer les terres qu'ils avont aux besoins du royaume, pour payer les écots du roi, & se servir de leux maisons à des manufactures de tant de choses qui pourroient être bonnes en elles-mêmes, ou à faire des caserne.

Quand je vous avons entretenus, nos chers Messieux, des Evêques, j'avons seulement entendu vous signifier ceux qui ont fait bande à part avec les Nobles, pour afin de mettre un croc en jambes à la bonne besogne que vous voulez faire, pour rendre tout le monde heureux, comme ça doit être; mais je n'avons pas voulu vous parler de l'Archevêque de Bordeaux, de Vienne, & de quelques autres, ainsi que des Curés, qui ont vu que les gens du Tiers-Etat avoient raison dans leux raisonnement, & qui l'ont appuyé en bonne conscience. Aussi, dame, laissez-nous faire; quand je verrons passer quelques-uns de ces bons vivans à Paris, faudra voir, je vous leux baillerons des révérences, qui, parlant par respect, sentiront la civilité d'un quart de lieue à la ronde. Et notre Monseigneux l'Archevêque de Paris, qu'on a tant houspillé à Versailles, & à qui on vouloit applatir les coutures, parce qu'on disoit qu'il s'étoit démanché, en allant faire des salamalecs & des jérémiades, avec un petit bon Dieu à la main, pour faire peur au Roi, en lui disant que si le Peuple gagnoit le procès des Etats-Généraux, tout étoit perdu; qu'il viendroit une débacle qui emporteroit la religion & sa couronne. Faut être de bon compte ; si j'avions été dans le tems passé, où la dévotion damnoit tant de monde, en le faisant s'entr'égorger, il auroit pu causer ben du mal avec son crucifix. Mais ce n'étoit pas vrai, l'histoire de son petit bon Dieu est fausse d'un bout à l'autre, & le monde, s'il y en a long comme le doigt, en mettiont gros comme le bras; aussi, cela nous passoit, je ne pouvions nous imaginer que lui, auquel j'avons donné tant de fois de bouquets gros comme le feu de la Saint-Jean, eût pu parler contre le pauvre monde, auquel il a tant fait la charité; & quand même on lui eût conseillé de faire cette gaucherie, son premier garçon, monsieux de Senez, l'en auroit empêché.

Puisque nous sommes sur son article, je voudrions ben savoir, par exemple, s'il commande aux Curés de se faire payer pour la moindre bagatelle de sacrement, ils trouvont de quoi tondre sur un œuf; arrive-t-on en ce monde, ils vous font payer plus cher l'eau du baptême que si c'étoit du bon vin. Lorsqu'on en part, il faut payer le voyage mieux qu'à la poste, sans quoi vous vous en iriez comme des peteux : on vous embaleroit, dans un sac, comme un paquet de linge sale; point de chemise de sapin;

point de chandeles, une petite croix de bois, qui fait mal au cœur; & à peine vous régaleroient-ils, en courant, d'un miserable *de profundis*. Lorſqu'on veut ſe prendre, par le mariage, ils leux faut encore cracher au baſſinet, ſans quoi il faudroit faire un mariage à la détrempe & des enfans bâtards. Pour le bon Dieu, ils vous en rognent la moitié, ſi on ne met la piece ſous le chandelier. Ils ſont ſi chiches de Meſſes, que ſi on veut en faire dire une à la bonne Sainte Geneviéve, ils vous fichent de côté tout le profit d'une journée. Enfin de tout, pour finir, ils font donner de l'argent pour aller au Ciel, comme on en donne pour aller chez Nicolet; & lorſqu'ils nous confeſſiont, faudroit pour lors les entendre, ils veulent fourrer leux nez partout, ſur-tout dans les affaires qui ne doivont regarder que le mari & la femme; vous retournent pour ça de mille manieres, & par devant & par derriere & de toutes les façons, font un mouvement d'enragé dans le confeſſional; & puis, quand on leur a défilé toutes ſes frédaines, il vous diſiont ſouvent qu'il faut aller les conter au Grand-Pénitencier de Notre-Dame, parce qu'eux n'avont pas les cas réſervés. Eh! pourquoi donc ſe fourrent-ils en boutique, s'ils n'avont pas tous leux outils. Je n'aimons pas non plus que ces jeunes Abbés faſſiont le catéchiſme à nos filles, pour leur apprendre tant ſeulement ce que c'eſt que le mariage & leux enſeigner la malice; ils ne cherchiont toujours qu'à les déniaiſer & nous les renvoyent ben ſouvent avec un pucelage de moins.

J'avons encore, Meſſieux, à vous faire à ſavoir que l'Hôtel-Dieu n'étant pas fait pour les chiens, les gens néceſſiteux comme nous, ſommes queuquefois obligés d'y aller quand je tombons malades. Eh ben! pour une colique, on vous flanque dans un lit à quatre, un qui a la gale, l'autre mourant, l'autre mort, & on ſe met comme ça toutes ces vilaines maladies dans l'ame. Ce n'eſt que quand on eſt à l'agonie, prêts à ſouhaiter le bon ſoir à ce monde, que vient un chevalier de la lancette & une autre tête à perruque de médecin pour drogailler votre mal maugré vents & marées. Je ne ſommes pas endurans, & il arrive par fois que la douleur & la cuiſon du mal nous fait lâcher un f..... Faut voir alors la ſœur du pot s'enfuir & vous laiſſer-là, ſans compaſſion, comme une ame damnée. La bonne piece! elle n'a pas queuquefois autant de peur de la choſe, avec un carabin ou un aumônier; puiſque nous voilà entrain de parler des ſœurs, faut vous dire une hiſtoire que je venons de voir derniérement de nos deux yeux. J'avions donc été, par curioſité, dans la ſalle où l'on tient les femmes qui ſont lunatiques du cerveau ou qui avions un coup de marteau dans la tête; j'y vîmes une jeuneſſe de dix-neuf ans (1), qu'on venoit de ſaigner, juſqu'au blanc des yeux, pour afin de lui faire paſſer ſa folie, comme on l'avoit attachée ſans raiſon, & qu'on la tourmentoit de tous côtés pour la ſaigner encore & la mettre dans l'eau par-deſſus le crâne; ça vous lui fit battre la campagne de maniere qu'elle en dégueula, & du long & du large, contre la ſœur qui la ſervoit; elle lui dit comme ça: » tu » es une maudite dévote, qui ne vaux pas » deux liards, avec ta mine conſtipée; tu es » une chienne plus dure qu'une enclume, & » que tous les inſtrumens de la paſſion; oui, » ſacrée toupie de tous les convaleſcens! Retire- » toi de moi, tu ſens l'onguent gris; va faire » tes pratiques ſur le lit de ceux qui ſont dans » le délire, ou ſur le cadavre des perſonnes » que tu as tué par ta négligence & ta dureté. » F.....euſe, à la ſemaine, morceau de viande

(1) Elle eſt Comédienne & s'appelle *Roſine* : c'eſt une folle intéreſſante qu'on peut voir à l'Hôpital.

» mal acroché ; ſi tu ne me laiſſes pas tran» quille, je te mettrai la gueule en pantoufle » & l'ame à l'envers » : & tant d'autres choſes que je ne vous dirons pas, par le reſpect que je devons à vos oreilles & à toute votre honnête compagnie. Bref, en deux mots : elle en dit tant & tant, que la bégueulle de ſœur ſcandaliſée de ces bonnes vérités, la fit enchaîner & conduire tout de ſuite, ſans finir ſon traitement, à la Salpêtriere, dans les Petites-Maiſons des folles ; elle devoit, au moins, prendre toutes ſes inſultes pour l'amour du bon Dieu ; & penſer que la tête de cette pauvre fille n'y étoit pas. Mais non, la béguine voulut ſe venger, en diſant que, ſi on avoit le malheur de la guérir à l'Hôtel-Dieu, elle ne profiteroit de ſa bonne ſanté, comme elle eſt jolie, que pour être l'inſtrument du diable pour attirer ſon prochain en enfer ; que, comme ſon état étoit d'être Comédienne, elle ſe damneroit droit comme un *i* ; qu'ainſi, en conſéquence, pour éviter le ſcandale qu'elle donneroit ſur le théâtre & la damnation de ſon ame, il falloit lui laiſſer nourrir ſa folie & l'enfermer pour toujours aux Petites-Maiſons. Cette vengeance nous courrouça, tant que j'aurions, je crois, mangé la mâtine de ſœur, ſi elle n'eût pas été ſi dure. Mais n'ayant pas les bras aſſez longs, pour y apporter remede, je fûmes le lendemain, comme c'étoit jour de la St. Jean, à la Salpétriere, pour voir la pauvre jeune folle, je la trouvâmes chargée de chaînes & de carcans, couchée ſur de la paille qui reſſembloit à du fumier; elle pleuroit tranquillement, ſans faire aucune eſclandre : à force de la flatter & de l'amadouer, elle nous bailla un coup-d'œil, ſi tendre & ſi doucereux, qui auroit dérouté l'homme le plus hardi, eût-il été un ſaint du paradis, nous dit qu'elle ſentoit ben que ſon eſprit s'éclipſoit de temps en temps, mais qu'elle ne méritoit pas un ſi dur traitement; qu'il étoit ben malheureux, pour elle, d'être abandonnée de tout le monde, puis elle nous étala ben liſiblement l'hiſtoire; pourquoi elle étoit un peu timbrée; &, dans tout ça, je vîmes clair, comme en plein midi, que c'étoit à cauſe qu'un Vicomte, qui étoit ſon amoureux, l'avoit quittée par infidélité; & que puis, d'ailleurs, elle étoit naturellement un peu chaude de la pince; mais dame auſſi ce n'eſt pas ſa faute, & ſi on enfermoit toutes les femmes qui avont cette maladie, je n'en verrions pas beaucoup, nous les premieres; heureuſement, pour nous, qu'il y a d'aſſez bons médecins, pour cette eſpece de mal. Enfin, je croyons tout bonnement & ſans y entendre un brin de malice, que comme ſa folie ne vient que pour être trop en chaleur, on pourroit la guérir, en lui faiſant prendre quelques bonnes doſes de mariage; j'en avons vu beaucoup d'autres, dans le même endroit, à qui je croyons, ſans être apothicaires, que ce remede feroit revenir le bon ſens. Pour les autres filles, qui paroiſſons inguériſables, faudroit les mieux traiter qu'elles ne le ſont; car, en vérité de dieu, on ne les ſoigne pas plus que ſi c'étoit des chiens, ça fait entrer en compaſſion, quand on le voit; quand Madame Necker y a été, ça lui a fait dreſſer les cheveux ſur la tête, elle n'a pu y tenir, à cauſe des ordures qui y ſont & des villenies qu'on leux fait manger; auſſi cette pauvre chere Dame a donné, de ſa propre poche, une forte ſomme pour leux faire bâtir des loges plus commodes & plus propres; c'eſt joli, ça! Et malgré tout ce qu'elle fait pour les pauvres & les charités qu'elle donne dans les Hôpitaux, un tas de canaille de Seigneux & d'Evêques ont fait le diable-à-quatre pour faire ſauter ſon mari. Mais, qu'on les laiſſe faire, quoiqu'ils n'avont ni foi ni loi, le bon Dieu ſaura compter avec eux & fera que maugré toutes leux intrigues, ce ſera comme un coup d'épée dans l'eau.

Ce que je venons de vous dire, nos chers Meſſieux, de l'Hôtel-Dieu & de l'Hôpital eſt tout craché de même pour Bicêtre, les Petites-Maiſons & les Incurables; les Adminiſtrateurs de ces endroits-là ſont de gros Seigneux, qui ne voulont pas ſe ravaler à écouter le petit-monde; ils laiſſont ce ſoin-là aux valets de leux anti chambre, il faut graiſſer la patte à ceux-ci, pour entrer dans ces maiſons. Tout ça, Meſſieux, ne crie-t-il pas vengeance? Et le dépôt de Saint-Denis! J'alons tant ſeulement vous en dire un petit mot en paſſant, pour afin de vous en donner un échantillon; ça fait horreur. Je convenons qu'il eſt à propos de renfermer les mauvais ſujets & les fégnians qui font métier & marchandiſe de la gueuſerie; mais auſſi ne faut pas que les bons patiſſiont pour les méchans; & c'eſt pourtant ce qu'on voit. Les mouchards n'y cherchont pas tant de façon; pour gagner leux ſacrée piece de trois lives, ils vendriont, dieu nous pardonne, le bon dieu; & fairions pendre, s'ils pouvoient, leux pere & mere. Auſſi, s'emparont-ils de tout ce qu'ils rencontrent en chemin, bons & mauvais ſujets, ſains & malades, jeunes & vieux, & qui pis eſt, les petits enfans. Ils entaſſont tout ça pêle mêle. Ceux qui ſe portont ben, y devenont malades, d'un clin d'œil; ceux qui n'ont qu'une maladie y en attrapont dix; auſſi ils y mouront drus comme des mouches. Mais ces pauvres petits enfans! oh! ça nous fend le cœur, quand j'y penſons. Ils arrivont dans ce chien de trou purs d'ame & de corps, ni plus ni moins que de petits anges. Eh ben! ils y apprenont toutes ſortes de mauvaiſes malices, avec les plus infâmes vauriens; ils y gobent toutes ſortes de maladies avec les malades; & on fait tant, & ben, que quand c'eſt pour en ſortir, ils ont l'ame & le ſang tout gâtés & corrompus. Enfin, ſi je vous étalions tout ce qui a égard au Chapitre des dépôts, des Hoſpices & des Hôpiteaux, cela vous paſſeroit, vous ne pourriez le croire, je vous dirions, en ce cas là, d'y donner, vous-même un coup-d'œil, & d'aller ſur-tout à Bicêtre, pour voir de quoi y r'tourne.

Parlons maintenant du pain qu'il faut manger depuis un ſiecle de temps à 15 ſols les 4 livres Je penſions tout d'abord qu'c'étoit parce qu'les mitrons le renchériſſiont d'eux-mêmes & qu'à l'égard d'ça, ils aviont graiſſé, comme de coutume, la patte à la police; mais y a gros qu'ils en ſont innocens, & qu'la famine ne vient pas de la grêle, ni du Roi, encore ben moins de M. Necker. Ils aviont pourtant la malicieuſe impertinence de mettre ça ſus le corps de ce pauvre cher homme, qu'eſt not' bon ange gardien & not'ſauveux, qui ſe partageroit en quatre pour nous ſubſtanter ; il aime l'Tiers Etat, lui, & je n'croyons pas qu'avec celui-là, il y ait queuqu'anguille ſous roche : quoique ça, il eſt bon de dire, n'faut jurer de rien; faudroit être plus pis qu'ſorcier pour deviner ce qu'ces grands miniſtres avont dans l'ame.. Je ſavons ben toujours d'où ſort la cherté du pain ; & puiſqu'nous v'là en train & en haleine, faut une bonne fois nous décharger le cœur ; ne faut pas tant de beurre pour faire un quarteron.

C'eſt vous, Meſſieux, les chattemittes d'parlement, vous porte-brettes, vous ſur-tout calottins, qui vous voyant à votre dernier ſoupir, avez joué de votre reſte en accaparonnant le bled, & qui avez voulu nous prendre par famine, pour afin de nous faire révolter contre notre bon maître de Roi, & par après lui en revendre, en lui contant que tant qu'il auroit pour bras droit Monſieux Necker, il y auroit du boucan & du tintamare dans Paris. Mais vous avez eu beau faire, ça n'a pas pu prendre, & j'aimons encore mieux mourir de faim & de ſoif, que de nous ſoulever contre notre bon-homme de Roi. Il eſt ben vrai, en

cas

cas de çà, qu'il y a eu tout plein de train au faubourg Saint Antoine; mais je pouvons ben dire en bonne conſcience que ce n'étoit pas une véritable révolte, en tant qu'il n'y étoit pas plus queſtion de pain, de vin, & de Roi, que de beurre. Vous ſavez ben, meſſieux les Etats-Généraux, que c'étoit un tas de vermine, de mauvais ſujets, qui aviont été payés, qui ſix francs, qui douze francs, & par après cauſer une véritable révolte; mais ils ont été ben capots & ont eu un bon pied de nez; par la raiſon que perſonne n'a bougé que ceux qui aviont reçu de l'argent.

Ce n'étoit pas pour des prunes qu'on a mis en cage un certain Abbé Roi qui étoit, nous a-t-on dit, à la tête de la bande des révoltés, pour ſemer les noyaux, quoiqu'il fût geux comme un rat d'égliſe. Ces chiens d'abbés! ils ſe fourront par-tout! Il falloit ben que, de ſon côté, il fût ſoutenu par la clique des Nobles & d'Evêques qui fourniſſiont d'argent, pour tout ce tapage; & puis d'ailleurs ce ſcélérat d'Abbé n'avoit, ni pauſe, ni fin qu'il ne ſe fût vangé de Monſieux Reveillon, dont le procès lui étoit une grande épine au pied. Oh! ſi celui-là ne mérite pas d'être pendu, le Roi n'eſt pas noble; faire un faux billet étoit un jeu d'enfant pour lui, & il regardoit ça comme de la crême fouëtée; comme la potence ne pert jamais ce qui lui revient; j'espérons qu'on lui faira donner, tôt ou tard, la bénédiction avec les pieds, malgré toutes les manigances qu'on a employées pour lui donner la clef des champs. Faut aussi avouer que, dans tout ça, y a ben de la faute de la Police. Huit jours avant, toute cette bâgare, ils en aviont connoissance & ils auriont ben pu empêcher, en s'en mêlant un peu, tant de tueries & de pendaisons, & sur-tout la perte de tant d'histoires, volées & détruites, chez un brave homme qui a été toujours la mere nourrice des bons sujets, d'ouvriers qui aviont de la conduite jusqu'aux petits enfans, auxquels il faisoit barbouller & foutimasser du papier, plutôt que de les laisser sans secours pendant l'hiver. Cette police, & tous ses polissons, mériteroit ben que vous lui donnassiez sur les doigts pour cette négligence-là, & tant d'autres choses dont je vous parlerons par la suite, si cela nous revient, si j'avons du temps à perdre.

Sans nous amuser à gober des mouches & à lanterner plus long-temps, j'alons donc entreprendre de travailler tous les gens de robe gégénéralement quelconque. Qu'est-ce qui auroit, par exemple, cru que ce poison de Parlement, qui sembloit prendre notre avantage, y a bentôt plus d'un an, ne le faisoit pas tout de bon? Ah! messieux les bons apôtres, vous vouliez nous dorer la pilule, vous faisiez la patte de velours pour afin de nous mieux écorcher, & vous tenir vous-mêmes sur les échasses de votre importance; maugré que vous ayiez fait tant votre embarras, je savons aujourd'hui le fin mot de votre pensée; mais laissez faire, messieux les Etats-Généraux rabateront votre caquet de plus d'un cran. Vous en avez la foire de peur, mes enfans! Ery a gros que vous en serez les dindons, & que vous en payerez la sauce. Quand on ne pisse pas clair, on dit que le médecin fait peur; vous pouvez jouer de votre reste, je vous voyons presque coulés à fond. Que j'étions bêtes de prendre votre fait & cause autrefois, & de nous exposer pour vos beaux yeux aux bayonnettes des lapins ferrés! Aussi, aujourd'hui qu'on vous déchire, qu'on vous casse, qu'on vous rompe, qu'on vous pende votre gueux de Dépremenil, nous nous en f........ tous comme de ça..... J'irons le tirer, s'il le faut, par les pieds, de peur qu'il en revienne ou que votre camarade Charlot ne lui fasse pas assez ben faire le saut périlleux: mais qu'est-ce que je disons, de le pendre, ce seroit dommage, vaut mieux le garder pour faire peur aux petits enfans, avec ſes grandes cornes de bouc & avec ſes hurlemens de poſſédé ; on dit qu'il s'en eſt très-ben acquité à Verſailles, & qu'il a gueulé & hurlé d'une rude maniere contre le Tiers-Etat. Fi, le petit vaurien de méchant! qui oublie comme ça le trou d'où il ſort. Il devoit, au moins, ſe rappeller de la boutique & du cabaret de ſa généalogie ; & ne pas comme ça égratigner le ventre de ſa pauvre mere, ou pour le moins ſe ſouvenir que quand il acheta la charge qui lui permet d'être aux Etats-Généraux, il lui manquoit encore vingt jours, pour écumer entiérement ſon ſang de roturier & devenir tout-à-fait noble. C'eſt ſûrement pour gagner ces vingt jours qui devoient le racrocher aux nobles, qu'il les a fait tant tourner autour du pot, avant de commencer la beſogne ; ou peut-être ben qu'il vouloit, avant tout, dénicher le brave homme de Miniſtre, qui leux peſe à tous tant ſur les épaules, & auquel il n'en veut tant lui-même que parce qu'il a ôté à ſa femme une vingtaine de mille livres de penſion, qu'un ancien Contrôleux de finance lui avoit fait ſur le Tréſor royal, pour la payer d'avoir été à ſon ſervice, tant de nuit que de jour : mais dame, ça n'a pas fait le compte de Monſieux Necker, il a voulu que ceux qui vouliont danser payassiont les violons; & en conséquence, lui a soufflé & fait passer sous le nez les vingt mille francs: comme ce qui vient de la flûte retourne au tambour; il n'en reste maintenant, à monsieux son mari, que d'assez longues cornes pour faire des manches de couteau à tous les Paysans de la banlieue de Paris & de ses environs (1).

Puisque je touchons cette corde, il faut, messieux les Etats-Généraux, que je vous découvrions le pot aux roses. Si vous avez tant soit peu bonne tête, vous devez vous remettre de l'année passée, quand on faisoit faire amende honorable aux grippes-jésus de trist'à-pattes, qu'on faisoit des cendres de leux casmates, qu'on étoit pressé dans la place Dauphine comme des harengs, & qu'on se tuoit dru comme mouches; & ben c'étoit la robinaille qui envoyoit sa valetaille, sans faire semblant de rien, débaucher nos hommes & nos enfans, & mettre de cette maniere le feu aux étoupes. Le lendemain, ils rendiont, pour la frime un Arrêt en papier affiché contre les attroupemens, dont ils avions payé la façon; ils nous gueuliont dans ces especes de placarts qu'ils vouliont notre bien;

(1) Je venons d'apprendre qu'il s'étoit sauvé dans les bois avec les Cerfs.

mais des livres ben dictés, nous ont donné des lunettes, pour y voir clair à présent; je savons que dans tout ça, ils ne pensiont qu'à eux & qu'à faire bouillir leur marmite, & qu'ils se fichoient de nous comme de Colin tampon. Ils faisiont le diable à quatre, pour aller à l'encontre des volontés du Roi, lorsqu'il vouloit attaquer ce qu'ils appelliont leux pouvoirs & leux privileges, ou pour les Edits qui les exposiont à payer queuqu'impôt; mais pour les autres qui pouviont leux faire leux profit, en faisant tout plein de mal au pauvre Tiers-Etat du peuple, ils ne souffliont pas le mot & le laissiont ben vîte passer d'un clin-d'œil. Témoin la permission qu'ils ont donnée de porter le bled hors de France, pour nourrir les étrangers, qui ne nous tiennent à rien, & nous faire pâtir nous-même : mais il falloit ça pour mieux vendre celui dont leux greniers regorgiont, quand la famine seroit venue; & il y a à croire que, s'ils avoient pu, ils auriont rendu cette année un Arrêt, pour faire tomber la grêle; sacré papier, si j'avions su toutes ces rubriques, comme je vous les aurions soutenus d'une belle maniere !

Je n'irons pas plus loin sur leux horreurs, de peur que monsieux l'Avocat général ne fasse son joli-cœur en aboyant contre notre livre, & en en faiſant brûler un modele ſur le perron du Palais. Quoique ça, le temps paſſé n'eſt plus, je ne le craignons pas beaucoup, ni lui, ni ſes requiſitoires. Il peut en faire tant qu'il voudra, je nous en ſervirons toujours, quand ce ne ſeroit que pour torcher ce qu'il a tant aimé de ſon temps, & dont on a nous dit, qu'il avoit encore de bons reſtes. Je pourrons lui dire pour lors, » il nous en pend au cul de tes requiſi» toires ».

Pour retourner donc à la cherté du pain où les Parlements ont tant trempé par leux accaparements, & par l'Edit qui permet la maudite exportation du bled, de combien de malheurs par-là n'ont-ils pas été la cauſe, avec le froid de l'hiver qu'il a fait ! combien de pauvres meres de famille qui n'aviont que la miſere à mettre ſus la dent, ont été obligées de porter tout au Mont-de-Pitié juſqu'au pucelage de leux filles, pour afin d'acheter un pain de quatre livres & queuques falourdes pour ſe réchaufer tant ſoit peu ! Et voilà la raiſon pourquoi on a vu tant de gourgandines aux coins des rues : ſi la plupart aviont du pain, elles ne ſe mettriont pas comme ça à faire des pratiques avec le premier venu qui veut leux remplir le ventre : & puis quand une fois elles en ont tâté, elles ſi acoquinent, par après deviennent des gueuſes au litron, elles enpoiſonnent nos garçons, quelquefois même débauchent nos maris à nos dépens, car on ne peut pas avoir ce qu'on va porter chez les autres, & donnont par-deſſus tout des exemples critiques à nos filles. Je vous le demandons, nos chers Meſſieux, que voulez-vous que penſe une petite jeuneſſe de quinze ans en les voyant raccrocher & tirer le monde dans les rues, & leux entendant dire les termes du métier ? Ça vous leux trote dans la tête, & à force de penſer à ce que ça peut être, une jeuneſſe y met tout juſtement le doigt deſſus, ça vous la chatouille, elle en joue d'un air, & puis d'un autre, & puis autant de f.... tu.

Encore, s'il étoit poſſible de les retirer de la crapule & du vice maugré leux dents ; mais non, elles ſont ſoutenues par la police, elles ſont protégées par les commiſſaires & couvertes par les mouchards, avec qui elles partageont le profit du commerce ; le moyen d'en venir à bout ! Rien ne peut les faire démordre juſqu'à ce quelles ayont attrapé quelque bon rhume eccléſiaſtique, encore savent-elles ſe retourner en donnant aux michés qui allont les voir des petites récréations chinoiſes. Je voudrions ben, Meſſieux, qu'une bonne fois pour toutes, vous fiſſiez défenſe à ces vierges de corps-de-garde de se planter comme des bornes sur les portes des allées, dans les rues ou à leux fenêtres, pour afin de faire monter les passans avec leux pts, pts, pts, d'enragé. Si vous les laissez faire, je ne doutons pas que bentôt elles ne posent d'enseignes comme les Marchands de vin, où l'on lira : *une telle le fait proprement & à juste prix & vat en Ville.* Je voudrions ben encore, pour faire d'une pierre deux coups, que vous fissiez empaler les sacrées vieilles Marchandes de chair humaine qui venont nous enlever nos filles à notre barbe, & presque sous nos cottes, sans que ça y paroisse : si vous y mettez les mains, comme il faut l'espérer, les pucelages deviendront moins rares, & quand un jeune-homme voudra s'établir, il ne trouvera plus si souvent l'oiseau envolé, & on ne lui donnera plus tant du réchaufé; je n'ignorons pas que vous n'aurez pas les bras assez longs pour empêcher qu'on ne les déniche du plus au-moins, & qu'on ne fasse des pucelages de hasard, métier & marchandises; je savons aussi que les Dames de la Cour, *les Duchesses*, *les Marquises*, *les Comtesses*, &c. s'en donneront maugré-vous & maugré vos dents. Que quand on veut les gêner, elles ont des laquais & des froiteurs à qui elles font faire le service. Je sçavons aussi qu'il faut de ce gibier là pour les Financiers, les Abbés & mille autres : par ainſi, je ne vous demandons pas l'impoſſible ; on ſait que vous ne pouvez pas prendre la lune avec les dents, mais empêchez, au moins, qu'on ne racroche les bons chrétiens dans les rues & dans les promenades : ôtez les mauvais exemples, pour afin que nos filles ne voyont pas ça ſous leux yeux.

Mais de quoi je nous ſommes aviſées de parler des promenades publiques, ça ne nous regarde pas, je ne ſommes pas de ces beaux endroits, & ne faut pas ſe méconnoître. Si je voulons les dimanche ou fêtes chaſſer le mauvais air de la Halle, & reſpirer tant ſoit peu le frais, je ne pouvons pas même entrer dans le Jardin du Roi, encore moins aux Thuileries & au Luxembourg, parce que je n'avons pas de grands chapeaux ennarnachés de plumes & de rubans, parce que je n'avons pas de robe & de mantelet, parce que je ſentons le poiſſon. Eh ! ſacré chien, ſi j'étions entretenues comme beaucoup de celles qui y entront, j'aurions, auſſi bien qu'elles, de tous ces affiquets ; mais je pouvons aller la crête levée ; toutes nos hardes nous appartiennent, je les avons payées, tandis que celles qui y allont faire les mijorées & la belle jambe, ont loué les leux, ou n'avont pas ſouvent de chemiſe à leux derriere pour couvrir leur viande. J'aimons mieux encore ſentir le poiſſon que le mercure, & j'ons plus d'honneur & d'honnêteté dans la rognure de nos ongles, qu'eux autres dans toutes leux ſacré crâne de perſonne.

Je voulions auſſi chanter une antienne aux procureux ; ces coquines nous ont déroutées ; mais à tout bon compte revenir, & j'alons vous en lâcher queuques mots ſur le moment. On dit comme ça : Procureux, voleux, & je ſavons ben que le proverbe ne ment pas ; il n'y a point de fumée ſans feu ; car combien ne voyons-nous pas de petits fleurets, de clériots, qui alliont auparavant nud pied acheter une boutique de procureux à crédit, ou à pouf, comme on voudra, & puis, au bout de moins de ſix ans, être riches comme qui diroit des Fermiers généraux. Faut donc qu'ils engueuſent les pauves benets de nigauds qui ſe ſervont à eux ou que leux commerce ſoit furieuſement bon. J'avons vu que d'un procès de ſix liards, ils avont l'adreſſe d'en faire un de ſix cens francs, qu'ils embrouillont & mettont du louche dans l'affaire la plus ſimple, & que par leux détours de Lucifer, ils la faiſiont traîner ſur le tapis pendant plus de vingt ans. Je ſavons auſſi ben qu'ils ne ſont pas gauches pour mener leux gens à l'Hôpital ; j'avons encore connoiſſance de la maniere que ſont faites leux écritures, il vous les font faire ſi groſſes, ſi longues & ſi larges, qu'on diroit que c'eſt l'exemple de quelqu'enfant qui eſt à l'a, b, c; ça fait rire. Avec un mot ils en faiſont une ligne; ils barbouillont de leur griphonage une main de papier, tandis que s'ils aviont ben voulu, il ne leux en falloit pas une feuille. Et ben, quoique ça, je ne pouvons pas comprendre comment il eſt poſſible qu'ils puiſſiont amaſſer ſi vîte de quoi faire les grands Seigneux : ce qu'il faut dire auſſi, qu'ils ne font grace à perſonne, pas même à une jolie femme qui viendra l'eux apporter ſon affaire; ils ne ſe piquent pas d'honneur pour faire les doucereux, & ne reſſembliont pas en cela aux Conſeillers ni aux Préſidents, qui lorſqu'ils ne peuvent pas avoir de l'argent, ſe payont ſur la piece.

Quoique les Gentils-hommes ſe croyont les premiers en tout, nous je les gardons à la fin pour la bonne houche; ils diront peut-être que c'eſt tout comme à la proceſſion, que les premiers ſont les derniers; mais qu'ils diſent ce qu'ils voudront, je nous en moquons tout comme du vent qui ſoufle, & tout ça ne nous empêchera de leur laver la tête? Je ſavons que dans leux bande il n'y en a qui valont leux peſant d'or; auſſi je leux portons du reſpect ni plus ni moins qu'à nos père & mère; mais ceux-là, on les compte, & ôtez-en

Meſſieux de la Fayette, M. de Crillon, M. de Clermont, M. de la Rochefoucault (pas de Cardinal, au moins, car on ſe tromperoit diablement) & quelques autres par-ci par-là qui ſont plantés ben clair : je ne vous donnerions pas ſeulement de tout le reſte les écoſſes d'un quart de litron de petits pois, ſur-tout de ces Nobles de rebut, comme qui diroit d'Eſpréménil, & un certain Comte d'Antragues, dont j'alons vous parler un moment, puiſque j'en trouvons la commodité; j'avons donc lu dans un livre que cette eſpèce de Comte ne faiſoit qu'une tête dans un bonet avec la Nobleſſe, quoiqu'un an auparavant il eût dit que tous les Nobles étoient des fripons, des gueux, des intrigants, un tas de canaille à charge par leux exemptions, & plus pires dans le Royaume de France, qu'un Abbé dans un Couvent de Religieuſes, où un loup dans un troupeau; faut-être de bonne foi, je ne pouvons pas le blâmer de ça, il avoit raiſon & demie, mais aujourd'hui le vent a ben tourné, il dit préciſément tout à rebours, ou du blanc il eſt allé au noir : fiez-vous après cela à eux; en vérité il n'y a pas plus à y compter qu'à une planche pourrie. Nous, quand j'avons avancé quelque choſe, je n'en démordons pas, auſſi je ne pouvions comprendre comment ce Monſieux d'Antragues s'étoit démanché comme ça. Mais on nous a défait le nœud gordien de l'affaire ; je ſçavons que ce n'étoit pas lui qui avoit dicté ſon livre, mais ben un Maître d'Ecole de Province à qui il l'avoit acheté, avant qu'on l'eût moullé. Je ne ſavions pas que l'eſprit étoit une denrée qui ſe vendoit comme des maquereaux : on apprend quelque choſe de nouveau tous les jours, & ſi le bon Dieu nous prête vie, j'en verrons ben d'autres ; puis donc qu'on trouve de l'eſprit en payant, je conſeillerions très-fort à Monſieux Blaiſe-Gilles-Nicodeme-Claude-Pot-à-l'eau-Laurent de Villedeuil, d'en faire une bonne amplette : tout comme à Monſieux le Lieutenant de Police, & à cette écreviſſe cuite de Cardinal de la Rochefoucault, qui va toujours à reculons & du plus mal en pire, & tant d'autres perſonnes en charge que je voulons pas nommer à cauſe que ça feroit une trop longue litanie.

Revenons donc, non pas à nos moutons, mais plutôt à nos loups de Nobles. Je l'avons déjà poſé en ligne de compte, y-a des braves gens par-tout. Mais quoique ça, je ne pouvons laiſſer en arriere ceux qui ſont à rebours ; qui ſe ſent morveux ſe mouche. Par ainſi en conſéquence, j'entendons vous ſignifier ces Nobles de qualité qui ont fait juſqu'ici tant les fendants qu'il ſembloit que le ciel leux touche à la tête. Ça s'eſt mis dans le crâne que tous les bons morceaux leux revenont comme ſi on les avoit mâchés tout exprès pour eux ; mais je ſommes chrétiens comme eux-autres faites de chair & d'os, & ſi je n'avons pas tant d'aiſance, j'avons du cœur & du ſentiment dans notre maniere de voir. Tiens..... il eſt ben ſorcier d'être riche quand on l'a trouvé tout gagné ; qu'on ne paye ni denier ni maille au Roi, qu'on a les meilleurs emplois ſans les avoir mérités, & ſans avoir payé d'apprentiſſage, quand on achete toujours & qu'on ne paye jamais, qu'on fait bonbance & qu'on s'entretient aux dépens des pauvres Marchands & des gens de métier ; juſqu'à leux ſacré gibier qu'ils nouriſſont avec le bien des malheureux payſans de la campagne. Auſſi ces pauvres gens qui nous apportont des légumes à la Halle, quand je leur demandons : « Un tel, ou » une telle (comme ça ſe rencontre) pourquoi » vos choux ſont-ils rongés à faire peur » ? Ils nous répondont que c'eſt une fourmillere de lievres qui devorent tout juſqu'à la moëlle des os. Si je leux conſeillons de leux tordre le col & de leux faire paſſer le goût du pain : « C'eſt bon à dire, » diſont-ils, je ne ſommes pas ſi haſardeux, pour » payer une forte amende, ou aller z'en gallere ; » notre Seigneux n'entend pas raillerie ſus ça, » il aimeroit mieux encore qu'on couche & tirât » Mme qu'un lievre en joue, & puis ce n'eſt pas

» le bout de l'histoire, une vingtaine de mâtins de » chiens de chassequi vont toute la vie arpenter les » champs & s'y flairer le cul, puis-à-près les la» quais, puis ensuite les gardes-chasses, puis en» core un tas d'autres bêtes de même espece, ra» vageont tout, foulont tout aux pieds, détrui» sont la moisson, la vendange, s'emparont de » tout le bieau fruit dont je pourrions faire du bel » & bon argent, & sont si ben que quand vient » la récolte, après avoir payé la taille, le taillon, » la capitation, le vingtième, la dîme, la censive, » l'octroi & le diable, à peine nous reste-t-il la » paille pour vivre après avoir eu ben de la peine » toute l'année ».

Oh! par exemple, Messieux les Etats-Généraux, ça mérite ben de faire rasoir. Et vous devez en conscience de Dieu vous mettre dans la tête qu'un gâteau ben partagé ne fait mal à personne; qu'il n'est pas juste que ces pauvres gens trimiont la galere, pour être écrâsés par quelques mauvais sujets, ou d'autres Nobles qui ne sont bons à rien du tout qu'à jetter, comme on dit, par la fenêtre; ils avont beau faire & beau dire qu'ils ont acheté ce droit de chasse & autres, tant pis pour eux, je ne devons pas pâtir de leux marché; c'est comme, sans comparaison, si quelqu'un venoit à la Halle, pour nous chanter qu'il a acheté le droit de nous

prendre

prendre ou de nous voler (car ça revient au même) nos merlans, nos brochets, nos carpes, faudroit-il pour ça lui laisser emporter ? Ah ! comme je vous lui riverions les clouds s'ils venoit s'y froter.

Et que dirons-nous de cette Noblesse à six liards le litron, qui s'est décrassée avec une savonette à vilain ? Elle nous la baille belle avec sa hauteur ; c'est quasiment aussi fier qu'un Commissaire à perruque à quatre marteaux, & se croit plus que Monseigneux le Comte d'Artois ; dites donc nos Gentis-hommes manqués, on mettra votre noblesse au croc, malgré que maintenant que vous vous voyez à votre extrême-onction, vous fassiez les saintes nitouches & nous caponies tant ! Nos petits choux, il falloit mettre les pouces plutôt ; mais aujourd'hui je vous en ratissons : à brûlé, dit-on, eau tiede fait peur. J'avons maintenant assez d'avisement pour ne pas donner dans le paneau de votre parolis ; plaignez-vous, faites-le diable à quatre, montrez tant de parchemins moisis que vous voudrez, ça ne prendra plus, vous trouverez à qui parler ; je vous adresserons en tout cas, s'il le faut, à des gens qui auront aussi ben que vous la langue ben affilée, comme Monsieux de Mirabeau, auquel, en passant, je tirons notre escarpin, en attendant que je puissions faire mieux pour lui, & à Monsieux l'Abbé de Sieyez; quoique je n'ayons pas l'honneur de sa connoissance. On nous a dit de bonne part que c'est un maître homme qui a mené, comme une toupie, les Nobles & les autres Abbés, ses confrères, qui malgré qu'ils ayont étés au Collège comme lui, & fait toutes leux études, ne lui ressemblont pas plus que St-Crépin au bon Dieu, je les adresserons encore, s'il le faut, à tous ceux que le Tiers-Etat a envoyé aux Etats-Généraux pour soutenir notre intérêt : vous trouverez-là à qui parler.

Faut avouer, Messieux de la cabale, puisque cabale y a, & qu'on vous appelle comme ça dans le papier qu'on crie dans les rues, faut avouer donc que ce petit Tier-Etat que vous croyiez mener comme des enfants qui vont à l'école, vous a ben donné du fil à retordre ; il ne s'en tiendra pas là, il vous faira voir s'il le faut les étoiles en plein midi malgré toutes vos rubriques. On dit que ce ne sera pas votre faute si vous perdez votre procès, vous vous êtes assez démenez & assez retournez pour ça ; il est en vérité de Dieu ben dommage pour vous que cette affaire n'aye pas dû être jugée au Parlement ; car avec des femmes & de l'argent, vous auriez pu avoir le dessus. Je sommes seulement dans tout ça fâchées d'une chose, que vous ayiez mis Monsei-seigneux le Comte d'Artois dans le mauvais chemin, je l'avons vu petit pas plus haut qu'un choux; il étoit genti comme tout, & aimable à croquer; on s'en feroit léché les doigts : voilà-t-il pas qu'aujourd'hui de chiens de Nobles & du Clergé vont le faire donner à gauche; qu'on a ben raison de dire, dis-moi qui tu hantes, je te dirai qui tu es; c'est, sans comparaison, comme une pomme de renette qu'on met dans un panier de pommes pourries; elle se gâte tout de même que les autres, & faut après l'écurer tant & tant qu'il n'en reste presque rien; mais quoique ça j'espérons que ce Prince en reviendra, car il y a de l'étoffe. Pour les autres Princes, je vous les abandonnerons, à la garde de Dieu, mettez-les à la sauce que vous voudrez, ça nous est à-peu-près de même. Je nous réservons cependant le Prince de Lambesc pour lui faire son examen de conscience; je lui apprendrons à faire comme les gens de Cour en prenant le monde parderriere, après qu'il aura son compte d'une maniere ou d'autre; je serons contentes, si je conservons, Monseigneux le Comte de Provence & Monseigneux le Duc d'Orléans, qui valont à eux deux plus que tous le reste de leux race, excepté cependant le Roi, car c'est celui-là qui est le Major & qui doit avoir le devant. Comme personne ne se sent pas plus de foible que j'en avons pour lui, tout comme pour Madame sa femme & toute sa Famille Royale, quoique je n'ayons pas à nous louer de quelques-uns (à bon entendeur demi-mot) j'alons hasarder de lui dire notre façon de penser dans tout ce qu'on lui a fait faire, en cas que par hasard il mette le nez dans ce livre.

» Oui, Sire, vos fideles Poissardes ne peuvent regarder, sans indignation, toutes les escapades qu'on vous a fait faire; d'autres diroient peut être *toutes les sottises*, mais nous je sommes mieux éduquées, & puis d'ailleurs je savons ce que je devons à votre sacrée personne royale; je ne pouvons donc voir qu'on vous ait retourné de tant de manieres, & qu'on vous ait baloté comme un volan: cependant vous savez, entre nous soit dit, car ça n'ira pas plus loin, que ce n'est pas ainsi que doit se conduire un quelqu'un qui est à la tête d'un grand Pays comme vous: si vous n'y mettez ordre, tant ira, Sire, la cruche à l'eau, qu'enfin elle cassera. Je savons ben que le plus embarrassé est celui qui tient la queue de la poële; mais maugré ça, il n'y a pas de mal sans remede, on consulte ses amis, non pas ces chiens de donneux d'eau-bénite de Cour qui n'avont toujours cherché & qui ne cherchont encore qu'à vous gruger, parce qu'ils ſavont ben ce qui leux pend à l'oreille, ſi vous vous laiſſez guider par les braves gens qui penſont ben & par votre cœur ; car je ſavons que vous n'êtes pas méchant, que vous êtes un bon naturel, & une bonne pâte de Roi; par ainſi, ſi j'étions à votre place, je fairions à notre tête ſans conſulter ni femme, ni enfans, ni rien. Croyez-nous, Sire, vous vous en trouverez ben. Excuſez, je prenons ſur nous de vous dire ça ; mais c'eſt, diable emporte, par pure amitié ; j'avons notre cœur ſur la main : ſi vous ſaviez, par exemple, le plaiſir que vous nous avez fait quand je vous avons vu la cocarde du Tiers-Etat, ſi j'avions oſé & ſi vous n'aviez pas été ſi preſſé pour retourner à Verſailles, je vous aurions embraſſé & ſauté au col. Mais ce qui eſt différé n'eſt pas perdu, car ça pourra ſe rencontrer une autre fois. On nous a dit que vous aviez donné une fiere giſle à votre laquais, qui s'appelle Thiéri; il paroît que vous ne vous mouchez plus avec le pied. Parlez-moi de ça....Quand on verra que vous le prenez ſur ce ton, on ne viendra plus s'y froiter, car auſſi ils alliont trop loin ; ſi vous les aviez toujours retorchés de cette maniere, il y-a à parier qu'ils ne vous auriont pas conſeillé de faire une boucherie de Paris, & d'y faire venir tout près tant de ſoldats. Que vouliez-vous en faire? Etoit-ce pour nous garder? Voyons.... Eſt ce que je ne ſommes pas aſſez grands pour nous garder nous-même, & de tous ces canons, & de tous ces Houſards, qui, avec leux baragouin & leux habillement, reſſembliont plutôt au Polichinelle des Aſſociés lorſqu'il monte à cheval ſur un chien, qu'à des Militaires. Lorſqu'ils avont vu cependant qu'ils ne tiriont pas leux épingle du jeu, & que nos Gardes Françoiſes les redreſſiont, ils n'avont pas demandé leux reſte, & s'en ſont retournés dans leux Allemagne de peur d'en payer la façon en France.

Vous voyez ben maintenant, Sire, que lorſque vos nouveaux Miniſtres & vos Grands vous aviont conſeillé de faire venir tant de ſoldats, tant de canons & de fuſils, pour nous mettre à la raiſon comme ils le diſiont, ils aviont compté ſans l'hôte, ils ne s'imaginiont pas les nigauds que nous prendrions toutes les armes des Invalides à la barbe de l'ennemi; ils ne croyiont pas que nous leux eſcamoterions la Baſtille d'un tour de main; il valoit bien mieux, ſoit dit en paſſant, que vous l'euſſiez faite démolir de vous-même, ça vous eût fait honneur, & vous vous en ſeriez donné les violons. Mais ce qui eſt fait eſt fait, n'en parlons plus; ils ne s'imaginiont pas encore que nous porterions leux têtes pour servir d'épouvantail aux autres qui leux ressembliont. Ils ne croyont pas que je les *lanternerions* si ben, & fairions manger du foin à ceux qui vouliont nous manger de la paille, quoique tout ça fasse soulever la pitié, c'est ben le cas de dire, qu'à quelque chose malheur est bon, parce qu'au moins Messieux les Etats-Généraux pourront maintenant tailler en plein drap, lorsque la Noblesse, je parlons de celle qui étoit mal intentionnée, verra que le Tiers-Etat ne se laisse plus arracher le poil de la moustache, qu'il se fout de ça, qu'il porte perruque. Il y a gros qu'au jour d'aujourd'hui qu'on a vu que je savions délibérer par bras, on aimera encore mieux délibérer par tête, & non en faisant bande à part, comme ils le vouliont.

Avant de vous lâcher, Sire, je sommes ben aise de vous avertir que vous ne fairiez pas mal de dire à Madame votre épouse que maintenant que je sommes débarrassés de Monsieux son beau-frere, de sa Polignac, de son Abbé Accoucheur, & de toute leux clique, il ne tient qu'à elle, si elle veut, de devenir heureuse comme une Reine. Y a une bonne maniere de s'y prendre pour ça, en enrayant tant seulement un peu le train qu'elle menoit depuis qu'elle s'étoit tant encanaillée, & en se conduisant tout comme quand elle étoit Madame la Dauphine. C'étoit un plaiſir alors ; mais depuis quelque-temps il n'étoit pas poſſible d'y tenir, elle menoit ſon monde trop tambour battant, mêche allumée. Croit-on bonement que ça faiſoit plaiſir à des bons François qui connoiſſont un peu le ſavoir vivre d'entendre toujours répétailler de bouche en bouche mille farces de leux Reine, tantôt c'étoit un Cardinal avec un colier, puis de l'argent envoyé à ſon frère, tandis que j'en jeunions nous même, & que le Tréſor Royal étoit brouillé avec le Directeur de la Monnoie ; aujourd'hui c'étoit une partie fine à ſon Trianon, demain des propos lâchés contre ſes ſujets, comme, par exemple, de lui faire dire « que les hommes étoient comme des » citrons, dont on exprimoit le jus, & qu'on » jettoit enſuite par la fenêtre ». Quoique tout ça ne fût pas croyable & ne vint quelquefois que des mauvaiſes langues, il y avoit quelque choſe de plus ou de moins. Ainſi en conſéquence, je lui conſeillons, ſans rire, d'y mettre une fin ; car je ſoufrons comme d'enragées de ne pouvoir pas lui témoigner notre amitié. Je ſommes étoufées par un *vive la Reine*, que je ne pouvons cependant lâcher en bonne conſcience, & dont j'avons une indigeſtion à crever dans la peau ; j'eſpérons qu'elle nous donnera le remède pour nous ſoulagêr, autrement, ça ne se dissipera que par des vents par en bas. Cependant de quel bois qu'elle fasse feu, je la prévenons toujours de faire meilleure contenance qu'elle n'a fait vis-à-vis de Monsieux Neker, & de ne plus chercher à lui couper l'herbe sous les pieds : ce brave homme ne lui refusera rien de ce qui est de la justice, tant pour ses hardes, pour ses nipes, que pour ses chifons & mille petites babioles qu'une Reine de France peut se procurer sans sortir de son état; elle lui a fait assez la moue, lui a fait donner son compte & fait faire son paquet assez de fois, par ainsi : si elle veut que j'oublions ses farces, elle n'a d'autre parti à prendre qu'à ne plus conserver de dent de lait contre lui.

Voilà en gros, Sire, tout ce que j'avions à vous dire; il ne nous reste plus qu'à vous ajouter que depuis que vous avez chassé une grande partie de la vermine de la Cour, que vous avez dit que vous étiez du Tier-Etat en mettant la cocarde, sur-tout depuis que je savons que vous embrassé Monsieux Neker à son retour; que si vos oreilles royales vous cornoient, vous y entendriez tout d'une haleine : *Vive le Roi.* Oui, Sire, vous êtes notre homme. En attendant que je puissions avoir l'honneur de vous embrasser, j'allons vous voir chez Curtius avec cette cocarde. On a dit que j'y verrons dans peu de tems tous ceux qui ont été pour le Tiers-Etat, tout comme ceux qui ont saisi la Bastille; il aura ma foi plus de pratique que quand il fesoit voir le portrait de Cartouche, de d'Espréménil, de Poulalier, de le Noir, & de Desrues ».

Je vous demandons ben excuse, Messieux les Etats Généraux, de vous avoir quittés pendant si long-tems. Mais comme vous savez, nécessité n'a point de loi, il étoit ben juste que je disions quelque chose en passant à notre Bourgeois; j'allons donc reprendre ce qui nous reste à vous dire, à savoir premièrement:

Que comme je vous avons mâché tous les morceaux pour faire le bien, vous n'avez plus maintenant qu'à tordre & avaler, que vous ne trouverez plus d'embarras du côté des Nobles & des Evêques, parce qu'ils venont de recevoir une bonne leçon, & avont tant de peur d'être *Lanternés*, qu'un grain de millet leur boucheroit le trou, & que ça fera qu'ils n'oseront plus pêter plus haut que le cu. Comme à toutes choses il faut une fin, j'allons finir, en vous priant, de ne point écouter Monsieur Neker, quand il vous demande la grace de tous les coquins qui ne nous auriont pas ménagé s'ils aviont pu, cet homme est trop bon, il en ſeroit la dupe tout ou tard, quoiqu'il ne faille pas avoir du reſſentiment contre ſon prochain, faut cependant le punir comme il le mérite pour lui ôter l'envie de mal faire, car ſi on fait grace à ceux qui avont voulu nous faire paſſer le goût du pain, faut la faire auſſi à tous les aſſaſſineux & voleux, n'y a pas de millieux, ça paroît clair.

Si vous venez à bout, Meſſieux les Etats-Généraux, de nous faire compter pour quelque choſe dans ce monde, & mettre la poule au pot, je prierons le bon Dieu pour vous ; j'irons faire les neuf tours de la Chaſſe de la bonne Sainte-Génevieve, à l'intention que Meſdames vos femmes puiſſiont s'en paſſer pendant que vous n'y ſerez pas, & qu'elles ne vous en plantiont pas à votre Pays dans le tems que vous êtes attroupés à Verſailles, j'offrirons une bonne chandelle à Notre-Dame-de-Conſolation, pour qu'elle faſſe le miracle qu'elles puiſſent y tenir.

Vive le Roi, vive la Nation du Tier-Etat.

F I N.

www.ingramcontent.com/pod-product-compliance
Ingram Content Group UK Ltd.
Pitfield, Milton Keynes, MK11 3LW, UK
UKHW020343220726
13923UKWH00004B/1548

9 782019 214159